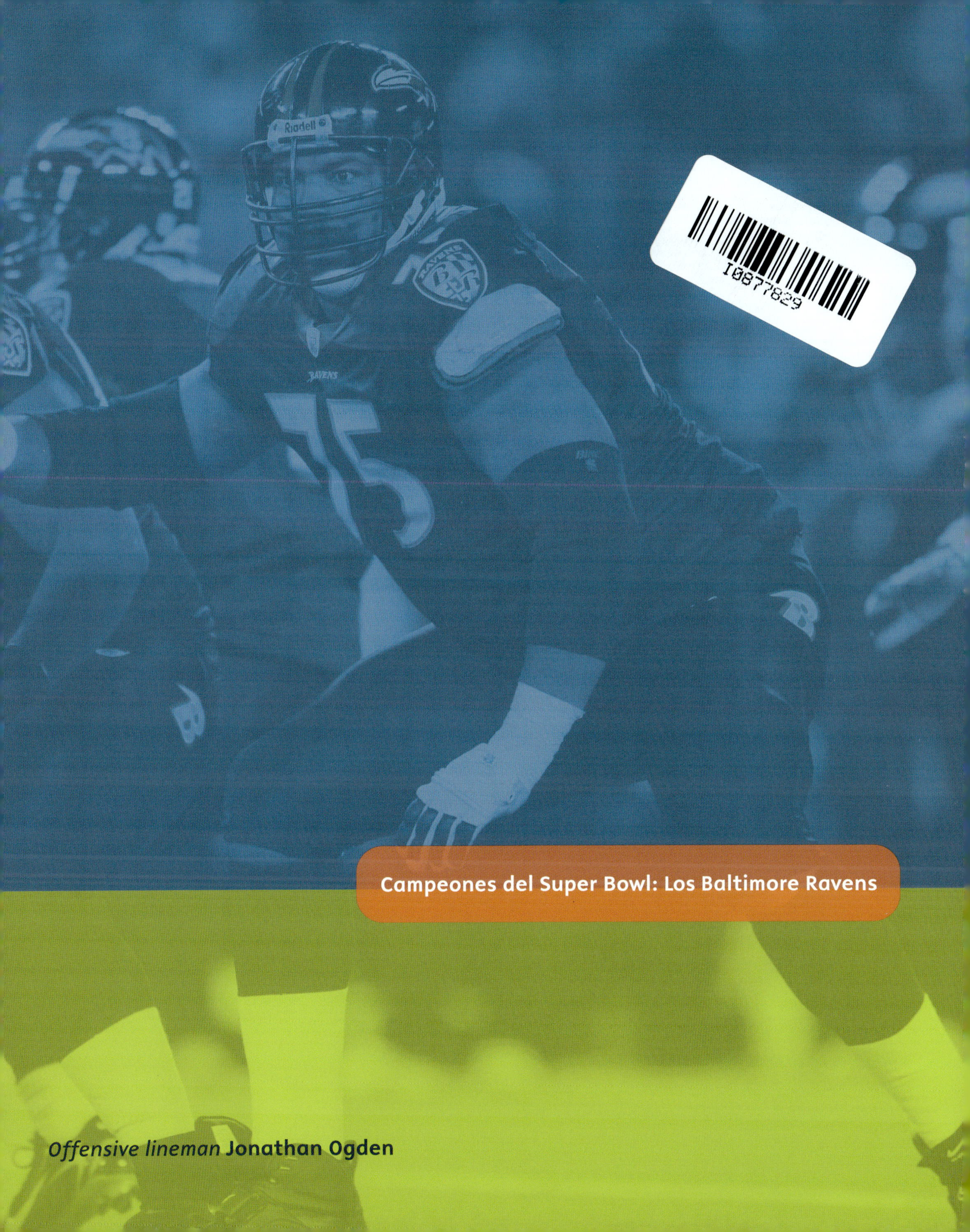

Campeones del Super Bowl: Los Baltimore Ravens

*Offensive lineman* Jonathan Ogden

Ala cerrado Mark Andrews

CAMPEONES DEL SUPER BOWL

# LOS BALTIMORE RAVENS

MICHAEL E. GOODMAN

CREATIVE EDUCATION / CREATIVE PAPERBACKS

Publicado por Creative Education y Creative Paperbacks
P.O. Box 227, Mankato, Minnesota 56002
Creative Education y Creative Paperbacks son marcas editoriales de The Creative Company
www.thecreativecompany.us

Diseño y producción de Blue Design (www.bluedes.com)
Dirección de arte de Rita Marshall
Traducción de TRAVOD, www.travod.com

Fotografías de Alamy (Jon Bilous, Cal Sport Media, UPI), Getty Images (Justin K. Aller, Simon Bruty, Rob Carr, G Flume, Ronald Martinez, Al Messerschmidt, MCT, Joe Sargent, Patrick Smith, Rob Tringali/Sportschrome)



Información del Catálogo de publicaciones está disponible de la Biblioteca del Congreso.
ISBN 978-1-64026-647-6 (library binding)
ISBN 978-1-68277-203-4 (paperback)
ISBN 978-1-64000-788-8 (eBook)

Receptor abierto Jacoby Jones

Corredor Ray Rice

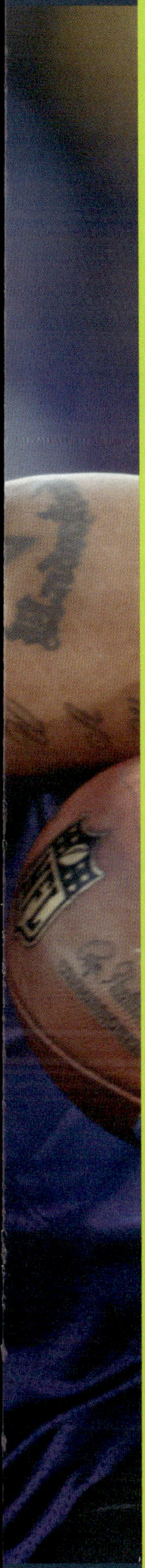

CONTENIDO

# Hogar de los Ravens

Baltimore, Maryland, es una gran ciudad en la costa este de los Estados Unidos. Es famosa por su hermoso **Puerto** Interior. Baltimore es el hogar de un equipo de futbol americano llamado los Ravens. Los Ravens juegan en el **Estadio** M&T Bank.

Los Ravens son parte de la Liga Nacional de Futbol Americano (NFL). Sus principales **rivales** son los Steelers de Pittsburgh. Todos los equipos de la NFL intentan ganar el Super Bowl para convertirse en campeones.

CHESAPEAKE

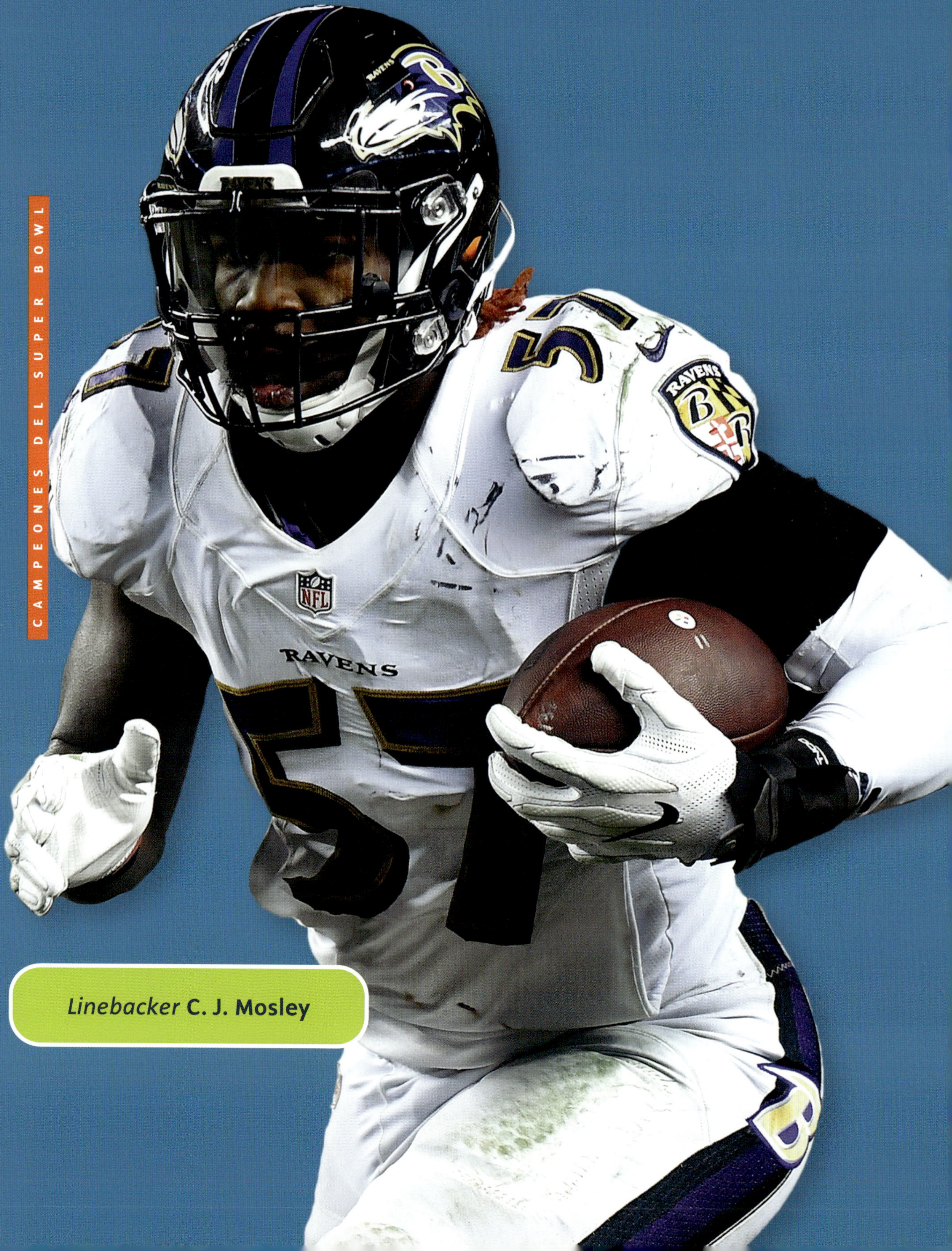

*Linebacker* C. J. Mosley

# Elegirse el nombre de los Ravens

Un escritor llamado Edgar Allan Poe vivió en Baltimore. Escribió un poema famoso llamado "El Cuervo". Así es como obtuvo su nombre el equipo de futbol americano de Baltimore. Los jugadores portan una caricatura de un cuervo en sus cascos.

Guardia Marshal Yanda (#73)

# Historia de los Ravens

El equipo nació en Cleveland, Ohio. Se llamaba los Browns. Se mudó a Baltimore en 1996. El propietario le dio al equipo un nuevo nombre y nuevos uniformes. Los Ravens visten de morado, negro y dorado.

Los Ravens siempre han sido conocidos por su sólida **defensa**. Una de sus primeras estrellas fue Ray Lewis, un *linebacker* contundente. Otro gran jugador fue Jamal Lewis, el corredor. En 2000, llevaron al equipo al final del Super Bowl. Los Ravens vencieron a los New York Giants, 34–7. ¡Fueron campeones!

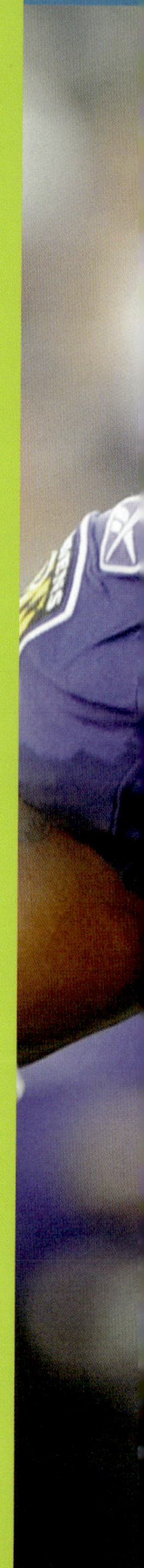

*Linebacker* **Ray Lewis**

Profundo Ed Reed

Los Ravens llegaron a **las eliminatorias** ocho veces más entre 2001 y 2012. Los demás equipos tuvieron problemas para anotar a través de la apretada defensa de los Ravens. El profundo Ed Reed y el *linebacker* Terrell Suggs fueron dos estrellas de la defensa.

John Harbaugh se convirtió en el entrenador de los Ravens en 2008. Se aseguró de que sus jugadores trabajaran duro. Llevó a los Ravens a las eliminatorias cinco años seguidos. Con jugadores como el *quarterback* Joe Flacco, los Ravens eran difíciles de vencer. En 2008 y 2011, estuvieron a solo una victoria de llegar a la final del Super Bowl.

En 2012, los Ravens volvieron a ganar su división. Nadie podía detenerlos en las eliminatorias. Ganaron el Super Bowl XLVII (47) contra los San Francisco 49ers, 34–31. La defensa de los Ravens detuvo a los 49ers cerca de la línea de gol para salvar la victoria.

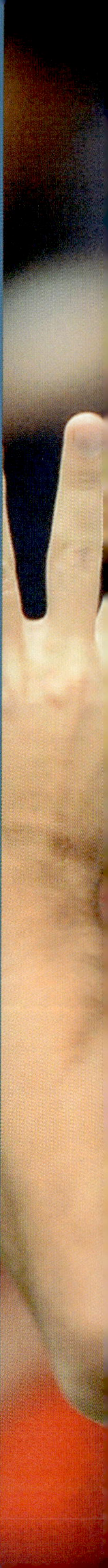

*Quarterback* **Joe Flacco**

Receptor abierto Marquise Brown

# Otras estrellas de los Ravens

Los Ravens siempre han tenido buenos pateadores. Matt Stover ayudó al equipo a ganar partidos muy cerrados durante 13 temporadas. Justin Tucker lo reemplazó en 2012. Fue uno de los pateadores más **precisos** en la historia de la NFL.

En 2018, Baltimore agregó al veloz *quarterback* Lamar Jackson. Era tan rápido que los demás equipos tenían problemas para taclearlo. Los aficionados esperan que Jackson lleve a los Ravens a más victorias del Super Bowl.

# Acerca de los Ravens

Comenzaron a jugar: En 1996

Conferencia/división: Conferencia de Futbol Americano, División Norte

Colores del equipo: morado, negro y dorado.

Estadio: Estadio M&T Bank

**VICTORIAS EN EL SUPER BOWL:**

XXXV, 28 de enero de 2001, 34–7 contra los New York Giants

XLVII, 3 de febrero de 2013, 34–31 contra los San Francisco 49ers

Sitio web de los Baltimore Ravens: www.baltimoreravens.com/

# Glosario

**defensa** — los jugadores que intentan evitar que el otro equipo anote

**eliminatorias** — juegos que llevan a cabo los mejores equipos después de una temporada para ver quién será el campeón

**estadio** — un gran edificio que tiene un campo deportivo y muchos asientos para los aficionados

**preciso** — certero

**puerto** — un área donde los barcos y los botes pueden atracar o permanecer seguros

**rival** — un equipo que juega extra duro contra otro equipo

*Quarterback* **Lamar Jackson**

# Índice